Favoritenspiel auf Einfachen Chancen

SYS 01

Herstellung und Verlag: BoD – Books on Demand, Norderstedt

ISBN: 978-3-7460-7462-7

Inhaltsverzeichnis

Favoritenspiel auf Einfachen Chancen

Einleitung

Seit der Erfindung der Roulette übt dieses Spiel eine große Faszination auf die Gesellschaft aus. Jahrhunderte lang streiten sich die Geister, ob es möglich sein könnte hier dauerhaft zu gewinnen. Mathematiker lehnen dies grundlegend ab. Nach ihrer Auffassung, die bis heute nicht widerlegt werden konnte, ist der mathematische Vorteil der Bank in Höhe von 2,7 % des Umsatzes für einen Spieler dauerhaft nicht zu überwinden. Zweifelsfrei erhöht dieser mathematische Vorteil die Gewinne der Spielbanken. Ob er alleine allerdings dafür verantwortlich ist, dass es bis heute kein unverlierbares Spielsystem gibt, sei dahingestellt.

Um dies etwas zu verdeutlichen, möchten wir hier zwei (sehr hypothetische) Beispiele anführen.

Nehmen wir einmal an, ein Spieler besucht ein Casino und setzt sein gesamtes ihm zur Verfügung stehendes Kapital auf eine Zahl. Von den Tischlimits einmal abgesehen und auch davon, dass wohl niemand bei klarem Verstand so etwas tut. Nur einmal angenommen es wäre so. Die Wahrscheinlichkeit eines Gewinnes liegt bei 1 zu 36. Entsprechend umgekehrt liegt die Wahrscheinlichkeit für einen Verlust bei 36 zu 1. Höchstwahrscheinlich also wird der Spieler verlieren und hätte die wohl kürzeste Spielerkarriere aller Zeiten hingelegt.

Frage: Was hat dies jedoch mit dem mathematischen Vorteil der Bank zu tun? Ob dieser Spieler mit einer Wahrscheinlichkeit von 36 zu 1 oder 35 zu 1 oder 37 zu 1 verliert, macht nicht wirklich einen großen Unterschied.

Machen wir ein zweites hypothetisches Beispiel: Nehmen wir an, es gäbe eine wirklich funktionierende Glaskugel, die es uns erlaubt ein paar Minuten in die Zukunft zu blicken. Wenn wir wüssten, welche Zahl als Nächstes gezogen wird, würden wir immer gewinnen. Was nützt der Bank dann noch ein mathematischer Vorteil? Leider gibt es diese Glaskugel (noch) nicht.

Natürlich sind dies zwei sehr hypothetische Beispiele. Damit wollen wir zum Ausdruck bringen, dass der mathematische Vorteil der Bank in unseren Augen nicht der alleinige Verursacher für all die Verluste der Spieler ist. Nach unserer Auffassung liegt es am Zufall selbst, der bis heute unweigerlich dem Spieler das Leben schwer macht. Selbst wenn die Spielbanken auf die Zero oder Doppelzero im Kessel verzichten oder das Auszahlungsverhältnis entsprechend anpassen würden. Dies würde zwar die Gewinne der Spielbanken schmälern, grundlegend allerdings nichts verändern.

Nehmen wir nur einmal die Anzahl der verschiedenen Kombinationsmöglichkeiten, die dem Zufall zur Verfügung stehen. In einer sog. Rotation, also wenn genau so viele Kugeln gefallen sind, wie es Chancen gibt, auf Dutzende bspw. stehen dem Zufall 3^3 Möglichkeiten zur Verfügung, sich zu zeigen. Bei den Transversale simple 6^6 Möglichkeiten, also immerhin schon 46.656 Varianten. Auf Plein mit seinen 37^{37} Möglichkeiten ergibt das eine Zahl mit 58 Stellen. Das ist auch der Grund, warum empirische Systemprüfungen allesamt Nonsens sind. Selbst wenn wir ein System über mehrere Millionen Coups überprüfen, sagt dies überhaupt nichts über seine Zuverlässigkeit aus.

Bis heute haben wir den Zufall noch nicht vollständig und bis ins letzte Detail verstanden. Dass der Zufall jedoch gewissen

Gesetzmäßigkeiten unterliegt, ist unbestritten. Zwar ist jeder Coup neu und der Zufall hat immer die Auswahl aus 37 Zahlenfächern, mit steigender Anzahl der gefallenen Coups lassen sich jedoch schon einige Aussagen treffen. Die einzige Möglichkeit, die wir haben ist, mit unserem heutigen Wissensstand logisch an die Sache heranzugehen.

Mehr zu diesen Themen finden Sie auch in unserem Buch **Roulette Master**, das Sie im Buchhandel mit der ISBN-Nummer *ISBN: 978-3-7460-6663-9* beziehen können.

Gesetz des Drittels

Auf den höheren Chancen der Roulette lässt sich eine Eigenheit des Zufalls sehr schön darstellen, die als sogenanntes Zweidrittel-Gesetz oder auch Gesetz des Drittels in die ernsthafte Rouletteforschung eingegangen ist. Wenn wir nicht nur einen einzelnen Coup betrachten, für den die Wahrscheinlichkeit immer 1 zu 37 ist, sondern mehrere Coups zusammenfassen, bildet sich diese Gesetzmäßigkeit heraus. Da 37 Zahlen im Kessel vorhanden sind, was liegt näher, als die Coups in einer sogenannten Rotation von 37 Einzelwürfen zusammenzufassen. Wenn wir 37 x die Kugel werfen, was schätzen Sie wie viele Zahlen werden gezogen? Wird jede Zahl genau 1 x erscheinen oder eine Zahl vielleicht 37 Mal?

Beide Varianten sind unwahrscheinlich. Im Mittel werden 24,67 Zahlen erscheinen und 12,33 Zahlen werden nicht erscheinen (mathematisch exakt 63,72 % also 23,58 Zahlen und 36,28 % also 13,42 Zahlen). Hierbei handelt es sich um einen statistischen Mittelwert. Spielraum nach oben und unten ist natürlich gegeben.

Sie können diese Gesetzmäßigkeit in jeder authentischen Permanenz feststellen, die auf Zufallsereignissen aufgebaut ist. Wenn wir einen Würfel 600 x werfen und in Rotationen zu je 6 Würfen einteilen, wird sich ein 2/3 Verhältnis von 4 zu 2 im Mittelwert einstellen. Dies gilt für alle Chancen am Roulette. Sehr deutlich zu beobachten ist dies auf den Dreier Transversalen. Den Transversale Plein. Das ist immer eine waagerechte Zahlenreihe auf dem Spieltisch, also 1-3, 4-6, 7-9 usw.usw. Insgesamt sind 12 Transversalen auf dem Spieltisch spielbar. Eine Rotation besteht folglich aus 12 Kugelwürfen.

Die Zero müssen wir hier vor lassen, da sich die Zero am oberen Ende des Tisches befindet und sich in eine Transversale nicht einbinden lässt.

Im Mittelwert erscheinen 8 Transversalen und 4 erscheinen nicht.

Damit stellt sich natürlicherweise auch die Frage:

Lässt sich das Zweidrittel-Gesetz auch auf den Einfachen Chancen beobachten?

Ja, das tut es. Allerdings müssen wir hier zu einem Hilfsmittel greifen und die EC vorher in Figuren umwandeln. Den sogenannten Alyett`schen Dreierfiguren.

F.1	F.2	F.3	F.4	F.5	F.6	F.7	F.8
S	S	S	S	R	R	R	R
S	S	R	R	R	R	S	S
S	R	S	R	R	S	R	S

Der Einfachheit halber sind die Figuren auf den Einfachen Chancen Schwarz/Rot dargestellt. Selbstverständlich gilt dies ebenso für die EC Gerade/Ungerade und Manque/Passe. Die Figuren F.1 bis F.4 bezeichnen wir als die schwarzen Figuren, da sie alle mit Schwarz beginnen. Die Figuren F.5 bis F.8 entsprechend als rote Figuren. Wenn wir nun eine Permanenz durch Gitterung in diese 3er Figuren unterteilen, dann sollten in einer Rotation von insgesamt 8 x 3 = 24 Kugeln im Mittel 5 Figuren erscheinen, davon einige mehrfach und 3 Figuren sollten nicht erscheinen. So weit so gut.

Allerdings lässt sich daraus noch kein Vorteil ziehen. Wir wissen ja nicht, welche der Figuren es sein werden und wann Sie erscheinen. Gleiches gilt natürlich für jede andere Chance an der Roulette. Wir wissen am Beginn der Rotation nicht, welche 24 Zahlen oder 8 Transversalen etc. wann erscheinen werden. Wir kennen ihre Namen nicht.

Um also eine Chance als spielreif benennen zu können, benötigen wir ein Signal. Hierzu greifen wir zu einem kleinen Trick, indem wir der Chance eine andere Chance voranstellen. Wir fertigen uns eine Matrix, in der horizontal die vorausgestellte Chance und vertikal die folgende Chance eingetragen wird. Siehe Bild.

	F.1 S S S	F.2 S S R	F.3 S R S	F.4 S R R	F.5 R R R	F.6 R R S	F.7 R S R	F.8 R S S
F.1 S S S								
F.2 S S R								
F.3 S R S								
F.4 S R R								
F.5 R R R								
F.6 R R S								
F.7 R S R								
F.8 R S S								

Die Permanenzfolge S – R – R | R – R – R z. B. wird also mit einem senkrechten Strich in Spalte F.4 Zeile F.5 markiert.

Natürlich erhöht sich durch diese zusammengesetzten Chancen die Anzahl der Kugeln einer Rotation erheblich. Bestand eine Rotation erst aus 8 x 3 = 24 Kugeln, sind es jetzt 8 x 8 x 3 = 192 Kugeln, die eine vollständige Rotation ausmacht.

Permanenzen10   Blatt   10   336 Coups

#	N	R		#	N	R		#	N	R		#	N	R		#	N	R		#	N	R		
1.	20			59.		25		117.		3		175.		32		233.	11			291.	29			0
2.		25		60.	11			118.		3		176.	26			234.	11			292.		7		1
3.		18		61.	35			119.	6			177.		21		235.	29			293.		18		2
4.		7		62.		3		120.	20			178.		3		236.	29			294.	15			3
5.		32		63.		1		121.	35			179.	0			237.		14		295.	24			4
6.		12		64.		14		122.	2			180.		34		238.	24			296.	24			5
7.	8			65.	22			123.		21		181.		27		239.	28			297.	8			6
8.	8			66.		3		124.	31			182.	33			240.		34		298.	31			7
9.		18		67.		34		125.	10			183.	0			241.	11			299.	28			8
10.	4			68.	28			126.	28			184.	26			242.		36		300.		32		9
11.	17			69.	6			127.	10			185.		19		243.		3		301.		21		10
12.	28			70.		34		128.	13			186.	17			244.		1		302.		36		11
13.	10			71.		30		129.		14		187.		25		245.		30		303.		32		12
14.		7		72.		21		130.	8			188.		18		246.	10			304.		3		13
15.	15			73.		1		131.	35			189.	4			247.		16		305.		25		14
16.		12		74.		5		132.		3		190.	31			248.		19		306.		1		15
17.	22			75.		5		133.	0			191.		9		249.		7		307.	28			16
18.	26			76.	33			134.		16		192.	35			250.	8			308.		1		17
19.	11			77.		1		135.	6			193.		34		251.		1		309.		25		18
20.	24			78.	15			136.		19		194.		16		252.		32		310.	11			19
21.	31			79.	4			137.		7		195.		30		253.		27		311.		5		20
22.		9		80.	22			138.	17			196.	26			254.	17			312.	24			21
23.	8			81.		21		139.		3		197.	22			255.		7		313.	22			22
24.		19		82.	2			140.		32		198.		21		256.	4			314.	0			23
25.		5		83.		1		141.	15			199.		3		257.		9		315.	24			24
26.	29			84.	8			142.	13			200.		36		258.	28			316.	20			25
27.		3		85.	26			143.		14		201.	6			259.	22			317.		3		26
28.	35			86.	4			144.		7		202.		30		260.	24			318.	20			27
29.	4			87.		32		145.	31			203.	0			261.	24			319.	15			28
30.	11			88.		12		146.		14		204.	20			262.	35			320.	31			29
31.		1		89.	10			147.	28			205.	35			263.	28			321.	4			30
32.		32		90.		12		148.		9		206.		1		264.		1		322.	10			31
33.	6			91.		1		149.	6			207.		36		265.		25		323.	2			32
34.		3		92.		36		150.	26			208.	6			266.		3		324.		32		33
35.		21		93.		1		151.		34		209.		27		267.		5		325.		32		34
36.		19		94.	11			152.		18		210.	24			268.	29			326.		36		35
37.		3		95.		32		153.	10			211.	26			269.	2			327.		23		36
38.	35			96.		3		154.		16		212.	33			270.		5		328.	29			
39.		27		97.		3		155.	8			213.		21		271.		21		329.	10			
40.		25		98.		27		156.		18		214.	8			272.	4			330.	15			
41.	10			99.		25		157.	11			215.	29			273.	6			331.	11			
42.	13			100.		34		158.	20			216.	31			274.		27		332.	2			
43.	13			101.		21		159.	10			217.		25		275.	22			333.	8			
44.		1		102.		23		160.		21		218.	20			276.	22							
45.	2			103.		14		161.	15			219.		25		277.	15							
46.	35			104.		1		162.		14		220.	22			278.		23		Restcoups		3		
47.	17			105.		32		163.	13			221.		30		279.	6							
48.		9		106.		3		164.	6			222.	10			280.	0							
49.		12		107.	26			165.		12		223.	26			281.	6							
50.		19		108.	0			166.	11			224.	0			282.		19						
51.	4			109.	13			167.		5		225.		16		283.		23						
52.		23		110.	20			168.	6			226.		25		284.	17							
53.	8			111.		12		169.		9		227.		34		285.		19						
54.		14		112.		32		170.	6			228.	31			286.		7						
55.		7		113.		5		171.		9		229.		21		287.		1						
56.	6			114.	31			172.	33			230.	26			288.		25						
57.		27		115.		36		173.		7		231.		30		289.	13							
58.	31			116.		9		174.		21		232.		14		290.	6							

Bitte üben Sie jetzt anhand der vorstehenden Permanenz die korrekten Einträge in die Matrix.

Die erste zusammengesetzte Figur besteht aus
S – R – R | R – R – R

Senkrechter Strich in Spalte F.4 Zeile F.5

Die zweite zusammengesetzte Figur ist R – R – R | S – S – R

Senkrechter Strich in Spalte F.5 Zeile F.2

Die dritte zusammengesetzte Figur besteht aus
S – S – R | S – S – S

Senkrechter Strich in Spalte F.2 Zeile F.1

Die vierte Figur bestehend aus den Coups 10 bis 15:
S – S – S | S – R – S

Senkrechter Strich in Spalte F.1 Zeile F.3

Wir bilden damit Figurenpaare, wobei die zweite Figur eines Paares zur ersten Figur des nächsten Paares wird.

Um eine vollständige Rotation abzubilden, benötigen wir 192 Kugeln ohne Zero. In unserer Beispielpermanenz fällt bis zum 192. Coup 4 x Zero. Diese 4 Coups hängen wir an, sodass eine Rotation bei diesem Beispiel aus insgesamt 196 Kugeln besteht. Wenn Ihnen die Anzahl der Kugeln etwas hoch vorkommt, keine Sorge. Im Spiel selbst werden 42 Figuren nur beobachtet und 22 Figuren gespielt.

In jedem deutschen Casino können Sie sich die Permanenz eines Tisches ausdrucken lassen. Die Vorbuchung von 42 Figuren zu je 3 Coups, also 126 Kugeln dauert bei etwas Übung nur ca. 10 Minuten. Wenn Sie zu Beginn eines Spieltages antreten wollen, lassen Sie sich die Permanenz vom Vortag des Tisches geben. Permanenzen sind unendlich. Eine Unterbrechung der Ziehungen über Nacht hat keinen Einfluss auf den weiteren Permanenzverlauf.

Wenn Sie diese Übung nun sorgfältig durchgeführt haben, sollte Ihnen folgendes Ergebnis vorliegen:

37 Figurenpaare wurden getroffen.

Davon 19 Paare einmal. 10 Paare zweimal und 8 Paare dreimal.

27 Figurenpaare wurden nicht getroffen.

Sehr schön lässt sich hier die Wirkungsweise des 2/3 Gesetzes beobachten, das keineswegs außer Kraft gesetzt wird nur, weil wir die Anzahl der Chancen verändert haben. Mathematisch sollten 40 Paare getroffen werden und 24 nicht. 37 getroffene Paare und 27 nicht getroffene Paare liegen absolut im Rahmen der normalen Abweichungen.

Welchen Vorteil bietet uns nun diese Herangehensweise? Ganz einfach, wir können jetzt abschätzen, wann sich ein Dreier wo bilden wird! Da sich ein Dreier nur aus einem vorherigen Zweier bilden kann, haben wir darüber hinaus aus der ersten Figur eines Paares auch das Einsatzsignal.

Beispiel:

Das Paar F.1 / F.3 also S – S – S | S – R – S ist 3 x erschienen. Nachdem dieses Paar zweimal erschienen ist und danach wieder eine Permanenzfolge S – S – S also F.1 erscheint, ist das unser Signal. Wir versuchen jetzt, die zweite Figur F.3 des Paares also S – R – S zu treffen.

Die genaue Vorgehensweise wird im folgenden Abschnitt Coup für Coup erklärt. Auch die Behandlung besonderer Situationen.

Das Spiel

Kommen wir nun zu den eigentlichen Regeln des Spiels. Gespielt wird auf die Bildung eines Dreiers, nachdem ein Paar bereits zweimal erschienen ist und die erste Figur des Paares uns das Einsatzsignal geliefert hat.

Gefallene Dreier scheiden aus dem Spiel aus. Es wird nicht auf die Bildung eines Vierers gespielt.

Sind vorher bereits Zweier innerhalb der schwarzen und der roten Figuren gefallen, wird der erste Coup noch abgewartet. Gleiches gilt, wenn im zweiten oder dritten Coup einer Figur mehrere Dreier möglich sind.

Die ersten 126 Coups ohne Zero werden beobachtet. Gesetzt wird frühestens ab dem 127. Coup ohne Zero. Gefallene Zero Coups innerhalb der Beobachtungsphase werden angehängt, sodass echte 126 Coups der EC registriert werden können.

Das Gewinnziel beträgt 10 Stücke. Erreicht der Saldo +10 oder mehr, ist das Spiel zu beenden.

Das Spiel wird in jedem Fall, auch im Minus, nach einer Rotation also 192 EC Coups beendet. Gefallene Zero Coups während der Spielphase werden ebenfalls angehängt.

Fällt Zero auf einen Einsatz, lassen wir den Einsatz sperren und setzen nicht nach. Geht der Einsatz im folgenden Coup verloren, buchen wir einen Verlust Coup. Wird der Einsatz im folgenden Coup wieder frei, **buchen wir einen Gewinn Coup**, auch wenn tatsächlich kein Gewinn stattgefunden hat. Es ist besser, ein Spiel mit etwas weniger Gewinn beenden zu können, als evtl. durch Zero verursachte Verluste hoher Progressionsstufen tilgen zu müssen.

Grundsätzlich kann zu diesem Spiel jede für EC geeignete Progression verwendet werden. Eine Ausnahme stellt hier selbstverständlich die Martingale (Verdoppeln bei Verlust) dar.

In der authentischen Permanenz die wir eingangs vorgestellt haben, finden Sie ab Coup Nr. 95 eine Zwölferserie auf Rot. Bitte berechnen Sie selbst, welchen Einsatz die Martingale hier fordern würde.

Für unser Spiel schlagen wir die einfache D`Alembert vor. Nach einem Verlust wird der Einsatz um 1 Stück erhöht. Nach einem Gewinn um 1 Stück reduziert.

	F.1 S S S	F.2 S S R	F.3 S R S	F.4 S R R	F.5 R R R	F.6 R R S	F.7 R S R	F.8 R S S
F.1 S S S								
F.2 S S R								
F.3 S R S								
F.4 S R R								
F.5 R R R								
F.6 R R S								
F.7 R S R								
F.8 R S S								

Coup Nr.	Einsatz	Ergebnis	Saldo		Coup Nr.	Einsatz	Ergebnis	Saldo

Das Buchungsformular ist klar und übersichtlich gehalten. Sofern Sie Erfahrungen mit Excel oder einem anderen Tabellenkalkulationsprogramm haben, können Sie sich dieses Buchungsformular leicht nachbauen. Anderenfalls tut es auch ein guter Kopierer.

Hier die Progression im Detail:

D`Alembert

Jean Le Rond d`Alembert (1717 – 1783) war ein französischer Mathematiker, der die einfache aber bestechende Idee der nach ihm benannten Satzsteigerung publizierte. Nach jedem Verlustsatz wird der Einsatz um 1 Stück erhöht. Im Gewinnfall um 1 Stück reduziert. Im Mittel gewinnt ein Spieler pro Satz 1/2 Stück, solange er die Progression durchspielen kann.

Beispiel:

-	-	-	-	-	+	+	+	+	+
1	2	3	4	5	6	5	4	3	2
-1	-3	-6	-10	-15	-9	-4	0	3	5

Nach 10 gesetzten Coups, davon 5 verlorene und 5 gewonnene beträgt der Saldo +5. Also 1/2 Stück Gewinn pro Satz.

Beginnen wir nun mit dem Spiel:

Wir empfehlen, die Permanenz nach 3er Figuren zu gittern. Das vereinfacht die Vorbuchung und sorgt für eine bessere Übersicht. Im 108. Coup erscheint Zero. Die Gitterung beläuft sich hier damit auf 4 Zahlen. Der Zero Coup wird hinten angehängt, sodass wir bis zum 127. Coup beobachten. Mit etwas Übung ist diese Vorbuchung in 10 Minuten erledigt.

Zur besseren Übersicht können Sie nach der Gitterung der Permanenz neben jede Figur ihre Bezeichnung schreiben. Also F1 F2 F3 usw. Dies vereinfacht das Abstreichen der bereits gefallenen Paare im Buchungsblatt.

Wenn Sie die Vorbuchung sorgfältig durchgeführt haben, können Sie in der Matrix 23 Einer, 6 Zweier und 2 bereits gefallene Dreier ermitteln. Die bereits erschienen Dreier F.3/F.2 und F.5/F.5 scheiden aus dem Spiel aus.

Wir spielen nicht auf die Bildung eines Vierers!

Zu diesem Zeitpunkt spielreif und damit jeweils zweimal erschienen sind die Paare F.1/F.3; F.4/F.5; F.4/f.7; F.7/F.5; F.7/F.7 und F.7/F.8.

Die letzte gefallene Figur in unserer Matrix ist die F.1. In den Coups 125 bis 127 erschien 3 x Schwarz.

In der Spalte F.1 ist das Paar F.1/F.3 bereits zweimal erschienen. Da es der einzige Zweier in dieser Spalte ist, versuchen wir jetzt die Figur F.3 zu treffen. In unserer Satztabelle schreiben wir:

Coup Nr. 128 | Einsatz 1 |

Wir setzen 1 Stück auf Schwarz. In Coup Nr. 128 erscheint die 13 Schwarz. Wir haben gewonnen. In der Satztabelle schreiben wir jetzt:

Coup Nr. 128 | Einsatz 1 | Ergebnis + | Saldo +1

Die Figur F.3 kann sich weiterhin bilden, also setzen wir weiter.

Coup Nr. 129 | Einsatz 1 |

Da die Figur F.3 aus S – R – S besteht, setzen wir jetzt 1 Stück auf Rot. In Coup 129 erscheint die 14 Rot. Gewonnen. Wir schreiben:

Coup Nr. 129 | Einsatz 1 | Ergebnis + | Saldo +2

Die Figur F.3 kann sich weiterhin bilden. Also neuer Einsatz, diesmal wieder auf Schwarz. Im 130. Coup erscheint die 8 Schwarz. Die Figur F.3 ist erschienen.

Coup Nr. 130 | Einsatz 1 | Ergebnis + | Saldo +3

Das Paar F.1/F.3 ist damit zum 3. Mal erschienen und scheidet aus dem Spiel aus. Wir machen einen senkrechten Strich in Spalte F.1 Zeile F.3. Zur besseren Übersicht streichen wir die Dreier noch einmal waagerecht durch.

Die letzte Figur F.3 wird zur ersten Figur des neuen Paares. In der Spalte F.3 ist jetzt kein Einsatz möglich. Das Paar F.3/F.2 ist bereits 3 x erschienen und damit ausgeschieden. Die Paare F.3/F.1; F.3/F.4 und F.3/F.8 sind jeweils erst einmal erschienen. Wir warten die nächste Figur ab.

In den Coups 131 bis 134 erscheint Zero. Es bildet sich die Figur F.4. Zero ist indifferent. Wir machen einen senkrechten Strich in Spalte F.3 Zeile F.4. Das Paar F.3/F.4 ist nun zweimal erschienen und ist damit spielreif. Gesetzt wird sie nach dem nächsten erscheinen der Figur F.3.

Die letzte Figur nach dem 134. Coup ist die Figur F.4. In der Spalte F.4 sind die Paare F.4/F.5 und F.4/F.7 zweimal erschienen. Wir erwarten jetzt die Figuren F.5 oder F.7 und setzen auf Rot. Es erscheint im 135. Coup die 6 Schwarz. Wir haben verloren und schreiben in die Satztabelle:

Coup Nr. 135 | Einsatz 1 | Ergebnis - | Saldo +2

Da sich die Figuren F.5 und F.7 jetzt nicht mehr bilden kön-nen, erfolgt kein weiterer Einsatz. Mit dem 137. Coup bildet sich die Figur F.4. Senkrechter Strich in Spalte F.4 Zeile F.4.

Wir bleiben in der Spalte F.4, da ja die letzte erschienene Fi-gur ebenfalls F.4 war und versuchen noch einmal F.5 oder F.7 zu treffen. Da der letzte Einsatz verloren ging, setzen wir jetzt 2 Stücke und schreiben:

Coup Nr. 138 | Einsatz 2 |

Es fällt die 17 Schwarz. Verloren. Wir setzen wieder aus und schreiben:

Coup Nr. 138 | Einsatz 2 | Ergebnis - | Saldo 0

Mit dem 140. Coup hat sich noch einmal Figur F.4 gezeigt. Senkrechter Strich F.4/F.4.

Achtung: In der Spalte F.4 können jetzt drei Paare dreimal erscheinen. F.4/F.4 und F.4/F.5. und F.4/F.7. Da F.4 mit Schwarz und F.5 und F.7 mit Rot beginnen, warten wir den nächsten Coup ab.

Es fällt die 15 Schwarz. Damit kann sich jetzt nur F.4/F.4 zum dritten Mal zeigen. Wir setzen jetzt auf den zweiten Coup der Figur, also Rot und schreiben.

Coup Nr. 142 | Einsatz 3 |

Es fällt die 13 Schwarz. Verloren. Wir schreiben:

Coup Nr. 142 | Einsatz 3 | Ergebnis - | Saldo -3

Mit dem 143. Coup bildet sich das Paar F.4/F.2. Senkrechter Strich in Spalte F.4 Zeile F.2

In der Spalte F.2 haben wir kein spielreifes Paar, wir warten ab. Senkrechter Strich bei F.2/F.7.

In der Spalte F.7 haben wir gleich 3 erschienene Zweier. Da alle mit Rot beginnen, Einsatz auf Rot. Wir schreiben:

Coup Nr. 147 | Einsatz 4 |

Im 147. Coup fällt die 28 Schwarz. Verloren. Wir schreiben:

Coup Nr. 147 | Einsatz 4 | Ergebnis - | Saldo -7

Es bildet sich Figur F.3. Senkrechter Strich in Spalte F.7 Zeile F.3.

In der Spalte F.3 Einsatz auf die Figur F.4 Schwarz. Wir schreiben:

Coup Nr. 150 | Einsatz 5 |

Im 150. Coup fällt die 26 Schwarz. Gewonnen. Wir schreiben:

Coup Nr. 150 | Einsatz 5 | Ergebnis + | Saldo -2

Da sich Figur F.4 weiter bilden kann, weitersetzen jetzt auf Rot.

Im 151. Coup fällt die 34 Rot. Gewonnen. Wir schreiben:

Coup Nr. 151 | Einsatz 4 | Ergebnis + | Saldo +2

F.4 kann sich immer noch bilden, also weitersetzen auf Rot.

Im 152. Coup fällt die 18 Rot. Gewonnen. Wir schreiben:

Coup Nr. 152 | Einsatz 3 | Ergebnis + | Saldo +5

Das Paar F.3/F.4 ist damit dreimal erschienen und scheidet aus.

In der Spalte F.4 sind die Paare F.4/F.4 und F.4/F.5 und F.4/F.7 je zweimal erschienen. Da F.4 mit Schwarz und F.5 und F.7 mit Rot beginnt, können wir den 153. Coup nicht setzen und warten ab.

Es fällt die 10 Schwarz. Jetzt kann sich nur F.4 bilden, also Einsatz auf Rot. Wir schreiben:

Coup Nr. 154 | Einsatz 2 |

Es fällt die 16 Rot. Gewonnen. Wir schreiben:

Coup Nr. 154 | Einsatz 2 | Ergebnis + | Saldo +7

Wir setzen nach auf Rot. Es fällt die 8 Schwarz. Verloren. Wir schreiben:

Coup Nr. 155 | Einsatz 1 | Ergebnis - | Saldo +6

Es ist F.3 erschienen. Senkrechter Strich in Spalte F.4 Zeile F.3.

In der Spalte F.3 haben wir keinen Einsatz, daher warten wir die nächste Figur ab. Es ist F.8. Senkrechter Strich in Spalte F.3 Zeile F.8.

In Spalte F.8 ebenfalls kein Einsatz. Abwarten.

Es folgt die Figur F.3. Senkrechter Strich in Spalte F.8 Zeile F.3.

In Spalte F.3 haben wir einen Einsatz auf die Figur F.8. Wir schreiben:

Coup Nr. 162 | Einsatz 2 |

Im 162. Coup erscheint die 14 Rot. Gewonnen. Wir schreiben:

Coup Nr. 162 | Einsatz 2 | Ergebnis + | Saldo +8

F.8 kann sich weiter bilden also weitersetzen. Es fällt die 13 Schwarz. Gewonnen. Wir schreiben:

Coup Nr. 163 | Einsatz 1 | Ergebnis + | Saldo +9

F.8 kann sich komplettieren, also weitersetzen. Im 164. Coup erscheint die 6 Schwarz. Gewonnen. Das Paar F.3/F.8 ist zum dritten Mal erschienen und scheidet aus. Wir schreiben:

Coup Nr. 164 | Einsatz 1 | Ergebnis + | Saldo +10

Damit haben wir unser Gewinnziel von 10 Stücken erreicht.

Das Spiel ist an dieser Stelle zu beenden. Die Satztabelle sieht jetzt so aus:

Coup Nr.	Einsatz	Ergebnis	Saldo
128	1	+	+ 1
129	1	+	+ 2
130	1	+	+ 3
135	1	-	+ 2
138	2	-	0
142	3	-	- 3
147	4	-	- 7
150	5	+	- 2
151	4	+	+ 2
152	3	+	+ 5
154	2	+	+ 7
155	1	-	+ 6
162	2	+	+ 8
163	1	+	+ 9
164	1	+	+ 10

Damit ist das Spiel vollständig erklärt. Natürlich läuft nicht jede Permanenz so schön wie die hier gezeigte. Mit dieser Strategie haben Sie allerdings ein sehr stabiles System an der Hand, das über lange Strecken standhalten kann.